BEI GRIN MACHT SICH IHR WISSEN BEZAHLT

AF138393

- Wir veröffentlichen Ihre Hausarbeit,
  Bachelor- und Masterarbeit

- Ihr eigenes eBook und Buch -
  weltweit in allen wichtigen Shops

- Verdienen Sie an jedem Verkauf

Jetzt bei www.GRIN.com hochladen
und kostenlos publizieren

Matchmotivation, Risikowahlmodell nach Atkinson und das VIE Modell nach Vroom

Virginia Pohlemann

Bibliografische Information der Deutschen Nationalbibliothek:

Die Deutsche Nationalbibliothek verzeichnet diese Publikation in der Deutschen Nationalbibliografie; detaillierte bibliografische Daten sind im Internet über http://dnb.d-nb.de abrufbar.

ISBN: 9783346610591
Dieses Buch ist auch als E-Book erhältlich.

© GRIN Publishing GmbH
Nymphenburger Straße 86
80636 München

Druck und Bindung: Books on Demand GmbH, Norderstedt Germany
Gedruckt auf säurefreiem Papier aus verantwortungsvollen Quellen

Das Buch bei GRIN: https://www.grin.com/document/1184655

SRH FERNHOCHULE-THE MOBILE UNIVERSITY

STUDIENGANG: WIRTSCHAFTSPSYCHOLOGIE, LEADERSHIP & MANAGEMENT
(M.Sc.)

Allgemeine Psychologie

Sonderprüfung Einsendeaufgabe – Alternative B

Verfasser: Virginia Pohlemann
Modul: Allgemeine Psychologie
Semester: 1

Abgabe: 26.02.2021

Inhaltsverzeichnis

3

Abbildungsverzeichnis

Aufgabe B1 – Machtmotivation

„Willst du den Charakter eines Menschen kennen, so gib ihm Macht." Dieses bekannte Zitat von Abraham Lincoln lässt darauf schließen, dass Macht die Menschen verändert und diese nicht allein ausübbar ist, sondern nur zwischen zwei Personen oder Personengruppen bestehen kann. Das Ziel der Macht ist es auf das Denken und Verhalten anderer Personen einzuwirken und eigene Ambitionen umzusetzen.

Wir alle haben uns selbst bereits in Situationen erlebt, in der wir Macht innehatten oder Macht auf uns ausgeübt wurde. Besonders im beruflichen Alltag erleben wir das Thema Hierarchie und top down Entscheidungen, vor allem während Veränderungsprozessen, auf täglicher Basis. Machtmotivierte Personen trifft man vor allem häufig in Führungspositionen an. Im Folgenden soll, der Begriff der Macht definiert und das Machtmodell näher erläutert werden. Die Auswirkungen von Machtmotiven auf die Führungspersönlichkeit und welche Herausforderungen Mitarbeiter mit machtmotivierten Führungskräften haben, wird anschließend in der Arbeit näher beleuchtet.

1.1 Definition und theoretische Hintergründe: Machtmotiv

Die Macht hat die Menschen seit jeher fasziniert. Berühmte Persönlichkeiten wie Caesar, Napoleon oder Putin waren oder sind immer noch bekannt für ihre Macht. Doch wie entsteht Macht und wovon ist sie abhängig?

In dem Zitat von Robbins (1993): "Power refers to the capacity that A has to influence the behavior of B, so that B does something, he or she would not otherwise do." wird deutlich, dass Macht ein Abhängigkeitsverhältnis zwischen einem Machthaber A und einem „Beherrschten" B beschreibt. Zu berücksichtigen ist, dass keinerlei Wertung in dieser Definition zu finden ist, obwohl sozialwissenschaftlich mit dem Wort „Macht" einige negative Assoziationen entstehen.

Dabei ist Macht nicht zwangsläufig als etwas Negatives anzusehen. Neben den bekannten und einprägsamen Machtmissbrauch, den wir seit geraumer Zeit in den Nachrichten mitverfolgen können, ist es durchaus möglich etwas Positives in einer Machtposition zu bewirken. Dies ist alles eine Frage der Motive.

Liegt ein Machtmotiv vor, strebt „A" das Ziel an, Dominanz zu erleben und den Wunsch andere Menschen zu lenken oder Macht auf sie auszuüben. Dies ist nur möglich, sofern „B" offen auf verlockende oder bedrohliche Anreize reagiert. Somit ergibt sich ein Wechselspiel aus Handlungsfähigkeit und Handlungsabhängigkeit. Der Machtausübende „A" muss hierfür über verschiedene Ressourcen der Machtquellen verfügen, um „B" beeinflussen zu können. Insgesamt existieren sechs unterschiedliche Machtquellen, auf die „A" zurückgreifen kann, sofern ihm dies möglich ist. (Welte-Bardtholdt, C., 2015, S. 84).

Eine beliebte und zugleich bekannte Machtquelle ist die der „Belohnungsmacht". Sie äußert sich in Form von Lob, Anerkennung, sowie finanziellen und materiellen Gütern, um extrinsische Anreize für „B" zu schaffen. Die Bestrafungsmacht wird genutzt, sofern „B" den Aufforderungen von „A" nicht nachkommt und dies eine Bestrafung zufolge hat, indem z.b. bestimmte Motive von „B" nicht befriedigt werden. Bei legitimierter Macht ist „A" tatsächlich in der befugten Position dem „B" gegenüber auszuüben. Zum Beispiel, wenn „A" in Form einer Politesse dem „B" einen Strafzettel für Falschparken erteilt. Eine weitere Form ist die „Vorbildmacht", die davon zeugt, dass „A" als Vorbild identifiziert wird und „B" versucht diesen zu imitieren oder nachzuahmen. Die Aussage „Wissen ist Macht" ist korrekt, da „B" sich eher von „A" beeinflussen lässt, wenn dieser hohe Fachkompetenz oder Spezialwissen aufweist. Bei einer Scheidung wird eher auf einen Fachanwalt für Scheidungsrecht vertraut, als auf einen Bekannten. Die sechste Machtquelle ist die „Informations-Macht", die wirksam wird, wenn „A" relevante Informationen für „B" hat, die „B" nicht zugänglich oder für ihn belastend sind und sein Verhalten verändern könnten. (Vgl. Welte-Bardtholdt, C., 2015, S. 85).

Das Machtmotiv hat ebenso wie das Leistungs- und Anschlussmotiv zwei Ausprägungen: „Hoffnung auf Macht" und „Furcht vor Machtverlust". Das Machtmotiv basiert darauf sich stark und einflussreich zu fühlen (Winter 1992). Menschen mit einem starken Wunsch nach Kontrolle, demonstrieren gern ihre Überlegenheit – intellektuell oder körperlich. Das Ziel ist, den Machtbereich auszuweiten. Bei Angst vor Machtverlust geht es um Kontrollverlust und folglich um Angst, nicht alle relevanten Informationen zu erhalten und dass andere ihre Machtposition einnehmen könnten. Es lässt sich vermuten, dass diese Personen Schwäche oder Minderwertigkeit vermeiden wollen. (Vgl. Veroff, 1982).

Dabei handelt es sich nicht um angeborene Persönlichkeitsmerkmale, sondern um Lernen aus Erfahrungen und antrainierten Verhalten. Bei prägenden

Erfahrungen lernt der Mensch mit hoher Selbstwirksamkeit, schwere Situationen zu bewältigen (Vgl. Stangl, W., 2020, Z.1). Indem andere Personen zur eigenen Willenserfüllung genutzt werden können, hilft man sich praktisch selbst und erzeugt darauf basierend eine Selbstwirksamkeit (Vgl. Welte-Bardtholdt, C., 2015, S. 39-40).

1.2 Deskriptives Modell des Machthandelns

Im folgenden Abschnitt soll anhand des deskriptiven Modells des Machthandelns von Cartwright (1965) und Kipnis (1974) erklärt werden, wie die Ausübung von Macht in einzelnen Handlungsschritten erfolgt.

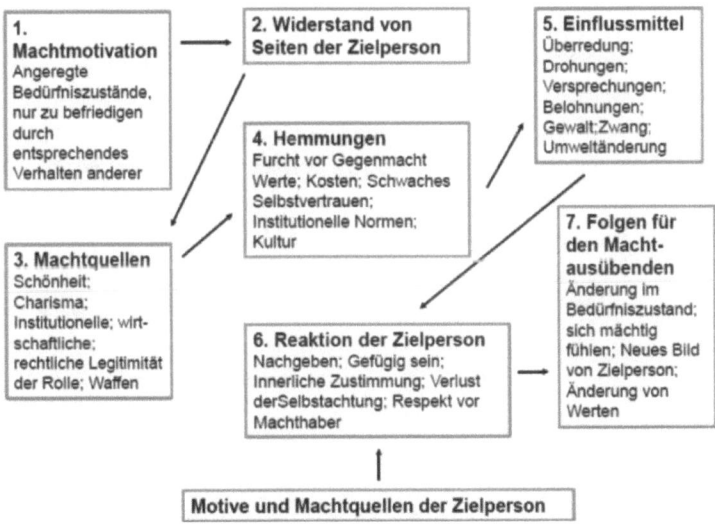

Abbildung 1:Deskriptives Modell des Machthandelns
(Quelle: Heckhausen, J., Heckhausen, H., 2010, S. 217)

Das Modell beinhaltet insgesamt sieben Schritte und beginnt mit der Machtmotivation von „A". Um überhaupt von einer Machtmotivation sprechen zu können, muss Motivation vorliegen, andere beeinflussen und dominieren zu wollen. Dies lässt schlussfolgern, dass nicht jeder, der Macht ausüben kann, es auch tatsächlich möchte. Grundsätzlich ist Machtausübung nur möglich, sofern eine andere Person „B" beteiligt ist, welche „A" für die Umsetzung seiner Ziele benötigt und ist somit nur Mittel zum Zweck, um ein höheres Ziel zu erreichen. Beispiel: „A" ist der Vorgesetzte von „B" und möchte „B" ein zusätzliches Projekt, außerhalb der üblichen Arbeit, übertragen. Mit den Ergebnissen der Ausarbeitung möchte „A" vor dem eigenen Vorgesetzten glänzen. Somit hat „A" ein Motiv „B" zu beeinflussen, sofern es nicht um das Gefühl geht generell Macht auszuüben zu wollen.

Der zweite Schritt umfasst die Reaktion von „B". „B" könnte einfach den Wunsch von „A" nachkommen und das Sonderprojekt bearbeiten, was zur Folge hat, dass die Machthandlung bereits endet. Sofern „B" nicht der Aufforderung von „A" nachkommt, muss sich „A" im dritten Schritt seiner Machtquellen bedienen, um ein Umdenken und eine Verhaltensänderung bei „B" zu erzielen. „A" könnte sich auf die Machtquelle „Legitimität der Rolle" berufen und als Vorgesetzter von seinem Weisungsrecht Gebrauch machen oder seine Intelligenz nutzen, um „B" zu manipulieren.

Inwieweit die Nutzung dieser Machtquellen tatsächlich von „A" in Gebrauch genommen werden, hängt von unterschiedlichen Faktoren ab, die zu Hemmungen führen können, wie z.B. Normen, Moralvorstellungen, schwaches Selbstvertrauen, oder Angst vor Konsequenzen. „A" könnte eventuell Bedenken haben, dass „B" sich bei dem Vorgesetzten von „A" beschwert oder „A" kommt mit seinen eigenen Moralvorstellungen in den Konflikt. Überwiegen die Hemmungen und „A" nutzt seine Machtquellen nicht, endet hier die Machtausübung frühzeitig. Wenn keine Hemmung bei „A" stattfindet, überlegt dieser sich in Schritt fünf, welches Einflussmittel er wählt. Er könnte „B" überreden, drohen die versprochene Gehaltserhöhung nicht umzusetzen oder eine Abmahnung auszusprechen oder versprechen, dass er zeitgemäß befördert wird. Entscheidend ist im sechsten Schritt die Reaktion des „B", basierend auf den Motiven und den Machtquellen von „B". Hat „B" eine sehr gute Beziehungsebene zu dem Vorgesetzten von „A", da sie sich gut kennen, ist die Wahrscheinlichkeit hoch, dass „B" sich zur Wehr setzt. Ist „B" die berufliche Karriere persönlich sehr wichtig und hat keine eigenen Machtquellen, wird dieser sich gegenüber „A" wahrscheinlich beugen. Demzufolge bestehen für „A" nur die Optionen auf Erfolg oder Misserfolg. Sollte „B" auch ein Machtmotiv besitzen, muss sich „A" überlegen, ob er die Schritte drei (Machtquellen) bis fünf (Einflussmittel) überdenkt.

In der Annahme, dass „B" der Aufforderung von „A" ohne Widerstand Folge leistet, führt dies zur Befriedigung der Bedürfnisse von „A" und bestätigt die

Selbstwirksamkeit. Ferner kann der Erfolg des „A" dazu führen, dass dieser häufiger auf seine Machtquellen und Einflussmittel zurückgreift, um seine Ziele zu verwirklichen. Bei einem Misserfolg oder bei einer Bestrafung von „A", verringert sich die Wahrscheinlichkeit, dass „A" künftig dieselben Verhaltensweisen ausübt.

1.3. Auswirkungen auf den Führungsstil

Wie bereits angemerkt, sind Personen mit einem ausgeprägten Machtmotiv verstärkt darauf fokussiert Macht, Dominanz und Kontrolle auszuüben. Daher liegt es nahe, dass sich solche Persönlichkeiten vorrangig in Berufen niederlassen, in denen sie ihr Machtmotiv ausleben können. Sofern die Entscheidung gegen das Arbeiten in einer Behörde ausfällt, findet man vermehrt machtmotivierte Personen in einer Führungsrolle wieder. Da machtmotivierte Personen eher Hoffnung auf noch mehr Macht oder Frucht vor Machtverlust haben, sind sie sehr bedacht auf ihre Rolle und stets darum bemüht alles zu verantworten und unter Kontrolle zu haben. In der Abwägung von verschiedenen Handlungsoptionen sind sie nicht darauf bedacht ihre Mitarbeiter zu involvieren und demokratische Entscheidungen zu treffen. Man kann davon ausgehen, dass Führungskräfte mich Machtmotiv Einfluss nehmen und klare Entscheidungen treffen und sich damit durchsetzen wollen. Der Führungsstil könnte daher eher als autoritär und somit fordernd und befehlend eingeordnet werden.

1.4. Herausforderungen für die Führungskräfteentwicklung

Im Folgenden soll erläutert werden, wie sich machtmotiviertes Verhalten auf die Führungskräfteentwicklung auswirkt.
Nach Wainer und Rubin (1969) ist das Machtmotiv zentral für den unternehmerischen Erfolg, während nach Mitchell (2004) das Leistungsmotiv vorwiegend in der Gründungsphase eines Unternehmens von Bedeutung für den Erfolg ist. 1975 ging McClelland davon aus, dass Führungskräfte häufig darauf abzielen, andere Menschen zu beeinflussen. Dies ist sowohl in positiver als auch in negativer Richtung möglich.

Für eine gute und nachhaltige Führung ist es wichtig das Machtbestreben als Führungskraft selbst zu kontrollieren. Während das persönliche Machtbestreben kein übergeordnetes Ziel im Sinne des Unternehmens verfolgt, sondern auf persönlichen Motiven beruht, ist das sozialisierte Machtstreben darauf bedacht sogar eigene Interesse zum Wohle der Sache zurückzustellen und andere davon zu überzeugen (Entwicklungsstadien der Macht nach Mc Clelland, 1975). Wichtig wäre es hier eine Unternehmenskultur zu schaffen, die auf starken Wert- und Moralvorstellungen beruht und bei nicht Beachtung, entsprechend zu handeln und Konsequenzen abzuleiten. Dies würde zu Hemmungen gemäß des deskriptiven Machtmodells führen und manipulierende oder erpressende Maßnahmen der Führungskraft verhindern. Die größte Herausforderung bei einer machtmotivierten Führungskraft ist das Motiv zu identifizieren, die Eigenwahrnehmung in Bezug auf das eigene Handeln und Wirken auf andere Personen zu sensibilisieren sowie sozialisiertes Machtstreben zu fördern.

1.5. Herausforderungen für die Mitarbeiter

Als Mitarbeiter in einem Abhängigkeitsverhältnis zu einer machtmotivierten Führungskraft zu stehen, ist eine bedeutende Herausforderung für Mitarbeiter. Zum einen sind diese Führungskräfte darauf bedacht ihre Macht zu sichern und lassen keine anderen Meinungen zu und treffen gern selbständig ihre Entscheidungen, ohne das Mitwirken von anderen. Das heisst, dass Anmerkungen oder Verbesserungsvorschläge umgehend als Kritik von der Führungskraft gedeutet werden könnten. Das hätte zur Folge, dass die Führungskraft sich von dem Mitarbeiter bedroht fühlt und wird entsprechend Druck auf den Mitarbeiter ausüben und versuchen ihn „klein zu halten". Bei einem Mitarbeiter, der sehr gute Ergebnisse liefert, Akzeptanz im Team und auch das Potential zur Führungskraft hat, besteht ebenso die Gefahr von Konkurrenzverhalten und womöglich wird diese Person nicht weiterentwickelt, wenn es nicht im Sinne der machmotivierten Führungskraft ist oder keinen Mehrwert für diese darstellt.

Grundsätzlich ist die Beurteilung der Mitarbeiter hier eher subjektiv. Schmeicheleien gegenüber dieser Führungskraft werden positiv bewertet, was sich auch auf die Leistungsbeurteilung auswirkt. Ein solches Verhalten gefährdet Werte wie Fairness und kann zu Frustration, Neid und Missgunst auf Mitarbeiterebene führen. Eine machtmotivierte Führungskraft kann ebenso sehr fordernd und klar in ihren Anweisungen und Erwartungen sein. Neben der Einschränkung der Autonomie, wird auch eine starke Drucksituation auf den Mitarbeiter aufgebaut.

Für nicht machtmotivierte Mitarbeiter ist es schwer solch ein Verhalten nachzuvollziehen und nachhaltig zu beeinflussen. Dieser kann lediglich seine eigenen Motive und Werte mit den Zielen der Führungskraft abgleichen und sofern diese nicht deckungsgleich sind, sich zu überlegen in den Widerstand zu gehen. Vorher ist es unablässig sich über die Machtquellen der Führungskraft Gedanken zu machen und sich zu überlegen, wie man diesen entweder entgegenwirken oder sich in den eigenen Macht-Möglichkeiten besser aufstellen kann.

Aufgabe B 2 – Risikowahlmodell

Jeden Tag werden von uns Entscheidungen getroffen, größere und kleinere. Dabei gibt es viele, aber jedoch mindestens zwei Wahlmöglichkeiten. Wie wir allerdings Entscheidungen treffen und wie unsere Bedürfnisse und Motive dabei eine Rolle spielen, soll das folgende Kapitel anhand des Risikowahlmodells nach Atkinson und das VIE Modell nach Vroom näher erläutern.

2.1 Risikowahlmodell nach Atkinson

Kurt Lewins Feldtheorie besagt, dass ein Bedürfnis Energie frei lässt und somit über den Wert (Valenz) bestimmt und das Verhalten in eine Richtung lenkt. McClelland formulierte, dass es drei grundlegende Bedürfnisse gibt, die einen Menschen motivieren: das Anschlussmotiv, das Machtmotiv (Kapitel 1) und das Leistungsmotiv, welches auf unterschiedlichen Qualitätsstandards basiert (Vgl. Brandstätter, V.; Schüler, J.; Puca, R.; Lozo, L. (2013). Grundsätzlich hat das Leistungsmotiv zwei unterschiedliche Ausprägungen: die Hoffnung auf Erfolg sowie die Angst vor Misserfolg.

Nach John William Atkinson ist die Leistungsmotivation abhängig von Anreizen und er formulierte darauf basierend seine Erwartungs-Wert Theorie. Der Gefühlszustand, der bei der Erfüllung einer geforderten Leistung erreicht wird, spiegelt den Wert wider. Dieser Gefühlszustand kann sich bei Hoffnung auf Erfolg in Form von Stolz und Freude oder bei Angst vor Misserfolg in Form von Scham und Frustration ausdrücken. Die Erwartung reflektiert die Wahrscheinlichkeit das gewünschte Ziel zu erreichen, sprich Erfolg zu haben. Sowohl die Erwartung als auch der Wert sind subjektive Komponenten.

Die Motivation ist am höchsten, wenn das Produkt aus der Erwartung und des Werts maximal ist. Seine These stützt sich darauf, dass je geringer die Wahrscheinlichkeit ist das Ziel zu erreichen und zugleich man sich stark angestrengt hat, umso größer ist der Stolz bei Erreichung des Ziels (Erwartung). Ebenso wirkt der Anreiz Misserfolg zu vermeiden.

Atkinson entwarf das Risikowahlmodell, um die Motivationsstärke und Handlungstendenz von Personen bei unterschiedlichen Aufgabenstellungen herauszufinden. Dafür benötigt man das individuelle Leistungsmotiv, die Erwartung der Aufgabenbewältigung und den Anreiz bzw. Wert, der mit der Aufgabe verbunden ist. Mit jeder leistungsbezogenen Handlung gibt es die Chance auf Erfolg oder auf Misserfolg. Also wägt jede Person für sich ab, ob man sich einer leichten, mittelschweren oder schweren Aufgabe widmet.

Leistungsmotivation:
Das Risikowahlmodell von John Atkinson (1964)

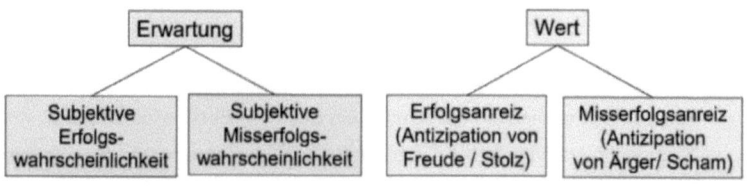

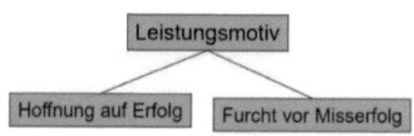

Abbildung 2:Risikowahl Modell nach Atkinson (1964)

Überwiegt die Hoffnung auf Erfolg, ergibt sich daraus eine positive Motivationstendenz, bei der Angst vor Misserfolg folgt eine negative Motivationstendenz. Die resultierende Tendenz (Tr) ist die Summe der erfolgsaufsuchenden Tendenz (Te) und der misserfolgsmeidenden Tendenz (Tm).

Tr = Te+Tm

Dabei ist die erfolgsaufsuchende Tendenz (Te) ein Produkt aus Motiv auf Hoffnung (Me), subjektive Wahrscheinlichkeit auf Erfolg (We) und Anreiz des Erfolgs (Ae): **Te= Me x We x Ae.**

Die misserfolgsmeidende Tendenz (Tm) ist das Produkt aus Motiv Misserfolg zu vermeiden (Mm), subjektive Wahrscheinlichkeit auf Misserfolg (Wm) und negativer Anreiz des Misserfolgs (Am): **Te= Mm x Wm x Am** (Vgl. Welte-Bardtholdt, C., 2015, S. 60).

Da erfolgsmotivierte und misserfolgsmeidende Personen unterschiedliche Anreize haben, unterscheidet sich ihre Handlungstendenz bei der Wahl zwischen mehreren Aufgaben. Erfolgsmotivierte Personen wählen keine leichten Aufgaben, da die Erfolgswahrscheinlichkeit zwar sehr hoch ist, aber der Anreiz, aufgrund der Leichtigkeit, sinkt. Zu schwere Aufgaben, lassen eine geringe Erfolgswahrscheinlichkeit zu, allerdings verstärkt dies den Anreiz, sofern die Aufgabe mit zufriedenstellenden Resultaten und hohem Aufwand erfüllt wird, da die Person noch stolzer auf sich sein würde. Eine mittelschwere Aufgabe stellt somit die ideale Balance für erfolgsmotivierte Personen dar, da die Erfolgswahrscheinlichkeit gegeben ist und der Anreiz stark genug ist. Diese Personengruppe zielt darauf ab ihre Kompetenzen zu erweitern sich selbst zu verbessern. Daher wählen sie gern Aufgaben, die leicht schwieriger sind als die bisherigen Aufgaben. Sofern sie diese gut bewältigen, schreiben erfolgsmotivierte Personen sich die Leistung ihrer eigenen Fähigkeiten zu, was wiederum die eigene Selbstwirksamkeitserwartung erhöht. Sollten erfolgsmotivierte selbst einen Misserfolg erleben, können sie sehr gut damit umgehen, da sie den eigenen Misserfolg nicht auf ihre Fähigkeiten oder Kompetenzen zurückführen, sondern auf externe Faktoren wie Pech oder mangelnde Bemühung und sehen die Möglichkeit sich beim nächsten Mal zu bessern. (Vgl. Jutta Heckhausen: Motivation und Handeln. 4. Auflage. Springer, S. 183–185.)

Gegenteilig handeln und verhalten sich misserfolgsmeidende Personen. Da Misserfolge direkt auf die eigene mangelnde Kompetenz bezogen wird, sucht sich diese Personengruppe gern leichte oder sehr schwere Aufgaben, um das

Selbstwertgefühl nicht weiter zu belasten. Misserfolge werden als sehr beschämend wahrgenommen und nicht als Chance besser zu werden. Bei leichten Aufgaben stellt sich schnell Erfolg ein, den die misserfolgsmeidenden nicht auf ihre eigenen Fähigkeiten zurückführen, sondern auf externe Faktoren wie Glück. Bei sehr schweren Aufgaben hat das Scheitern nichts mit ihrer Kompetenz zu tun, sondern mit der Komplexität der Aufgabe selbst. Mittelschwere Aufgaben sind regelrechte Bedrohungen für diese Personen, da sie die eigene Leistung und Kompetenz am besten widerspiegeln und stellen die größte Gefahr für Misserfolg dar. (Vgl. Welte-Bardtholdt, C., 2015, S. 73)

2.2 VIE Modell nach Vroom

Das VIE Modell nach Victor Vroom ist ebenso wie das Risikowahlmodell eine Wert-Erwartungstheorie. Die Ausprägungen des motivierten Handelns basiert auf subjektiven Erwartungen und Bewertungen. Das VIE Modell erklärt das Verhalten während Entscheidungsprozessen. Das Modell basiert auf drei Komponenten: Valenz (V), Instrumentalität (I) und Erwartung (E).

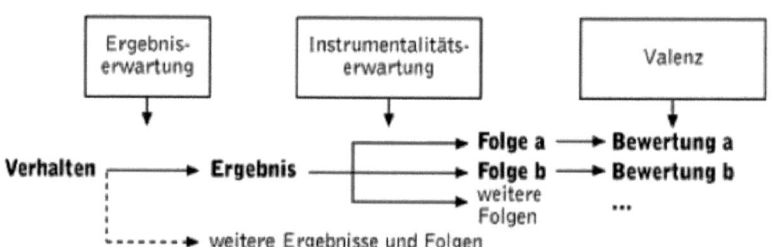

Abbildung 3:VIE Modell nach Vroom (1964)
(Quelle: Hennecke, M., Brandstätter, V.,2016, S.15)

Die Valenz steht für eine subjektive Belohnung und ist mit der Zielerreichung verknüpft und steht in Abhängigkeit zu den Motiven und Anreizen. Die Instrumentalität beschreibt, inwieweit das eingesetzte Mittel zur Zielerreichung als adäquat eingestuft wird. Die Erwartung stellt die subjektive Wahrscheinlichkeit dar, mit einer gezielten Handlung zum Erfolg zu kommen. Gemäß Victor Vroom entscheidet sich eine Person für eine Handlungsalternative, weil seine Handlung und Anstrengung zu einem Ergebnis führen wird und daraus ein positiver Anreiz folgt, wie z.B. eine Beförderung bei Übernahme zusätzlicher

Projekte und dieser Anreiz stellt einen positiven Wert dar. Ein weiterer Aspekt ist, dass nicht nur das Handlungsergebnis reflektiert wird, sondern auch die Handlungsfolgen, welche sowohl positiver als auch negativer Natur sein können. Vroom ist der Annahme, dass eine Person zu dem Zeitpunkt einer Entscheidung stets persönliche Präferenzen, aufgrund der eigenen Bedürfnisse, zu den Handlungsfolgen hat. Sollte die Beförderung mit einem noch intensiveren Arbeitspensum verknüpft sein, ist für den Entscheider zu bewerten, ob weniger Zeit für Hobbys oder Familie oder mehr Geld und Anerkennung von Bedeutung sind.

Das VIE Modell unterscheidet sich von Risikowahl Modell vor allem im Wert. Während der Wert bei dem Risikowahlmodell lediglich von einer Selbstbewertung abhängt, werden im VIE Modell zahlreiche Konsequenzen, die durch das eigene Handeln entstehen, subjektiv bewertet. Des Weiteren grenzt sich das VIE Modell durch das Erwartungskonzept ab. Bei dem Risikowahlmodell wird eine Handlung durchgeführt, basierend auf der eigenen Einschätzung, ob man sich zutraut die Aufgabe erfolgreich zu beenden oder ob man scheitert (Ergebniserwartung). Hingegen bei dem VIE Modell spielen sowohl das Handlungsergebnis als auch die Handlungsfolgen (Instrumentalitätserwartung) eine große Rolle. Allerdings berücksichtigt das VIE Modell ausschließlich extrinsische Anreize, die sich aus der Handlung ergeben und lässt intrinsische Motivation aussen vor, obwohl diese bei von Interesse beeinflussten Handeln unabdingbar sind. Ferner lässt sich auch ein Unterschied in der zeitlichen Komponente erkennen. Das Modell von Atkinson beschreibt eine Situation der Entscheidung und unmittelbaren Konsequenz, das Modell von Vroom unterdessen eine Entscheidung die sowohl zu kurz-, mittel- als auch langfristigen Ergebnissen führen kann.

2.3 Begründung Einsendeaufgabe anhand Risikowahl Modell

Im Folgenden soll das Risikowahl Modell anhand der gewählten Einsendeaufgabe praktisch erläutert werden. Das Leistungsmotiv wird von Persönlichkeitsmerkmalen beeinflusst sowie durch situative Komponenten. Ich bin von meiner Persönlichkeit sehr wissbegierig und ehrgeizig, möchte gern meine Fähigkeit und Kompetenz kontinuierlich steigern und bin sehr offen für neue Erfahrungen. Grundsätzlich suche ich gern neue Herausforderungen und bin aufgrund dessen im Leistungsmotiv auf Erfolgsorientierung gepolt. Gemäß des Risikowahl Modells suche ich mir damit mittelschwere Aufgaben, die leicht über dem Schwierigkeitsgrad von bisherigen Aufgaben liegen, um zu lernen. Demzufolge habe ich Aufgabe C für mich umgehend aussortiert, da das Thema Gesundheitsprävention mich bereits in einer früheren Tätigkeit im Human Resources Bereich begleitet hat. Daher habe ich bereits ein gutes Vorwissen und die Aufgabe wäre gemäß meiner Erwartungshaltung, schneller und besser zu lösen gewesen, allerdings ist der Anreiz nicht hoch genug die Aufgabe zu lösen.

Aufgabe A hat einen hohen Anreiz verursacht, da diese Aufgabe sehr komplex auf mich wirkt und ich auf keinerlei bestehendes Wissen zurückgreifen kann. Zugleich war die Erfolgsaussicht für mich zu gering, dass ich die Inhalte in angemessener Zeit bewältigen kann. Aufgabe B sprang mir direkt ins Auge. Auch wenn im ersten Moment die Aufgabenstellung als verhältnismäßig leicht wirken könnte, sind die Inhalte doch komplex. Aufgrund meiner Tätigkeit als Senior HR Business Partner im einem großen Medizintechnik Konzern, betreue ich 62 Führungskräfte in allen personalrelevanten und strategischen Fragestellungen. Das Thema Führung und demotivierte Mitarbeiter ist mir daher gut bekannt. Doch welche Motive und Motivationen Personen haben und wie sich das auf Verhalten und Handeln auswirkt, ist mir eher unbekannt. Diese neuen Erkenntnisse wollte ich unbedingt näher durchleuchten, um meine Kompetenz zu erweitern und somit auch meine zu betreuenden Führungskräfte noch besser unterstützen zu können. Folglich hat die Aufgabe B für mich einen hohen Praxisbezug und mittleren Schwierigkeitsgrad sowie Anreiz.

Hätte ich eine misserfolgsvermeidende Ausprägung, dann wäre die Wahl auf Aufgabe A oder C gefallen. Aufgabe A wäre wegen ihrer Schwierigkeit wahrscheinlich in Misserfolg geendet und verringert somit den eigenen Leistungsdruck bzw. Anspruch. Der Misserfolg hätte die Chance geboten diesen nicht auf die eigenen Fähigkeiten schlussfolgern zu lassen und die Scham über den Misserfolg wäre ausgeblieben. Aufgabe C bietet hier die größte Wahrscheinlichkeit, Erfolg zu erfahren und Misserfolg zu meiden.

Die Alternative B birgt neben ihren mittleren Erfolgswahrscheinlichkeit, die größte Gefahr des Misserfolgs und der damit verbunden Scham, da ein gutes Verständnis aufgrund der beruflichen Erfahrung vorhanden sein muss und die eigene Kompetenz in Frage gestellt werden kann.

Aufgabe B 3 – Motivation

Wer kennt das nicht? Jedes Jahr zum Jahreswechsel haben viele Menschen große Ziele und gute Vorsätze. Einige wollen mehr Sport machen, andere sich gesünder ernähren, sich weiterbilden oder häufiger mit Familie und Bekannten etwas unternehmen. Im Laufe der nächsten Wochen lässt sich früh erkennen, wie ausgeprägt das Motiv und die Motivation tatsächlich waren und inwieweit die gesteckten Ziele in die Realität umgesetzt und mit welcher Intensität und Beharrlichkeit diese verfolgt wurden.

Motive lassen auf die Wichtigkeit von bestimmten Zielen schließen, da sie in der Psychologie als relativ konstante Persönlichkeitseigenschaft definiert sind. Neben den primären Motiven, die angeboren und instinktiv verfolgt werden, wie z.b.: Nahrungsaufnahme und Schlaf (Vgl Jung 2006, S367) gibt es auch sekundäre Motive, die durch gesellschaftliche Lernerfahrung entstehen können und ein Streben nach Macht, Status und Zugehörigkeitsgefühl aufweisen können (Vgl. Rosenstiel 1999, S.61).

Motivation ist die Richtung, Intensität und Ausdauer einer Verhaltensbereitschaft hin zu oder weg von Zielen. (Vgl Schuler 2006, S. 386). Dies besagt, dass Motivation nicht als Verhalten zu interpretieren ist, sondern als Bereitschaft ein Ziel in die Tat umzusetzen oder dies nicht zu tun.
Motivation ist also davon abhängig, welche Motive, Bedürfnisse und Anreize ein Mensch zu einem bestimmten Zeitpunkt hat. Dies bedeutet, dass die Motivation einer Person aus einem Zusammenspiel von Person und Umwelt geprägt wird.
In der Gleichung V (Verhalten) = P (Person) x U (Umwelt) wird beschrieben, dass die Komponenten, die in der Person liegen (wie z.B. Bedürfnisse, Motive, Ziele und Interessen) und die Komponenten aus der Umwelt (Anreize, Anforderungen und Gelegenheiten) das Verhalten einer Person maßgeblich beeinflussen. (Vgl Gerrig, R.J., 2015, S.531) Die Ausdauer beim Handeln und die Verhaltensintensität, basierend auf dem Motiv der jeweiligen Person, spielt eine übergeordnete Rolle bei der Erreichung der gesteckten Ziele, ebenso der Selbstbestimmungsgrad der Motivation.

3.1 Intrinsische & extrinsische Motivation

In der Motivationspsychologie unterscheidet man zwei Formen der Motivation: intrinsische Motivation und extrinsische Motivation.

Die intrinsische Motivation ist eine innere, selbstbestimmte Motivation und basiert auf Neugierde, Interesse oder Spaß. Demzufolge setzt sie sich aus einem Sachinteresse (Neugier), Anreiz und einer Wahrscheinlichkeit bzw. Erfolgserwartung zusammen. (Vgl. Edelmann, Lernpsychologie, Edelmann, W. (2000)). Die Ausführung der Handlung an sich, ist bereits Anreiz genug, ohne eine Belohnung zu erwarten oder eine Strafe für das nicht-Handeln zu vermeiden. Die Motivation basiert auf eigenen Interessen und das Selbst ist bestrebt die inneren Bedürfnisse zu befriedigen. Intrinsische Motivation spiegelt gemäß Deci & Ryan den höchsten Grad der Selbstbestimmung wieder, welcher als angeborenes, psychologisches Grundbedürfnisse bekannt ist und gehen davon aus, dass Personen, die intrinsisch motiviert sind, Situationen und Handlungen anders wahrnehmen als die, die einer Person von „Außen" zu einer Handlung angeregt oder sogar aufgezwungen werden. Dieser Einfluss wird als extrinsisch motiviert beschrieben und ist sozusagen fremdbestimmt (Vgl. Deci/Ryan 1993, S. 225)

Extrinsische Motivation bedeutet, dass eine Handlung durchgeführt wird, um damit ein übergeordnetes Ziel zu erreichen.
Sprich die extrinsische Motivation ist nicht interessenbestimmt, sondern bedarf äußeren Begleiterscheinungen oder positiven bzw. negativen Verstärkern, Belohnung und Bestrafung. (Vgl. Kirchler,2011, S. 321) Motive hierfür können Status, Sicherheit oder finanzielle Anreize sein. Des Weiteren gehören auch die Akzeptanz und Zugehörigkeit einer Gruppe zu den extrinsischen Motiven.

Grundsätzlich ist festzuhalten, dass intrinsische Motivation zu dauerhaft höherer Antriebskraft führt und die Leistungsfähigkeit konstant und der Umgang mit Widerständen leichter zu überwinden ist. (Vgl. Ryan und Connell, 1989; Sheldon et al., 2004) Die intrinsische Motivation einer Person lässt sich unter Umständen durch den sogenannten Korrumpierungseffekt beeinflussen und sogar nachhaltig zerstören. Deci und Ryan behaupten, dass sofern eine Person bereits ausreichend intrinsisch motiviert einer bestimmten Tätigkeit gegenübersteht und nun mit extrinsischen Mitteln, wie z.B. mit finanziellen Mitteln beeinflusst wird, die intrinsische Motivation sinkt und bei einem Entfall des äußeren Anreizes die

Sinnhaftigkeit der Tätigkeit in Frage gestellt wird. (Vgl. Deci, Koestner und Ryan, 1999)

Dennoch schließen beide Motivationsformen sich nicht gegenseitig aus. Es ist insofern möglich, dass eine Person intrinsisch motiviert ist eine Tätigkeit durchzuführen und zugleich extrinsisch motiviert wird. Besonders immaterielle extrinsische Anreize wie Lob und Zugehörigkeitsgefühl lassen sogar die intrinsische Motivation steigern. (Vgl. Cerasoli, Nicklin und Ford, 2014)

3.2. Vor- und Nachteile variabler Vergütungssysteme

Variable Vergütungssysteme werden seit einigen Jahren in Unternehmen, neben dem Grundgehalt, als zusätzlicher motivatorischen Anreiz für Mitarbeiter genutzt. Dabei gibt es eine Vielzahl an unterschiedlichen Formen:

- umsatzbasierten Vergütung,
- leistungsorientierten Vergütung,
- unternehmensgewinnbasierten Vergütung (Gewinnbeteiligung) und
- unternehmenswertbasierten Vergütung (virtuelle Beteiligungssysteme)

Der Vorteil von variablen Vergütungssystemen kreiert einen zusätzlichen, extrinsischen Anreiz für Mitarbeiter. Somit haben Mitarbeiter die Möglichkeit selbst Einfluss auf Ihre Verdienstmöglichkeiten zu nehmen und leistungsgerecht bezahlt zu werden. Das eigene Handeln führt zu Erfolg oder Misserfolg, was eine gewisse Autonomie zulässt. Positiv zu bewerten ist, dass eine Leistungskultur geschaffen wird, an der (fast) jeder Einfluss nehmen kann. Aufgrund von vorgegebenen Zielen, ist eine klare, objektive Beurteilung der Mitarbeiter möglich und die Erwartungshaltung vom Arbeitgeber wird aufgrund der Zielsetzung klar formuliert. Hierbei zu beachten ist, dass die Motivation der externen Anreize nicht von Dauer ist und sobald die Anreize entzogen werden, es zu dem oben beschriebenen Korrumpierungseffekt kommt.

Nachteilig zu betrachten wäre, dass durch die vorgegebenen Ziele, die Mitarbeiter eine klare Priorisierung ihrer Aufgaben zugeteilt bekommen und keine Selbstbestimmung ausüben können. Die Motivation wird extern mit dem variablen Vergütungsmodell reguliert. Das Unternehmen setzt die Ziele. Der Mitarbeiter hat nicht die Möglichkeit eigene zu Prioritäten setzen, ohne

„bestraft" zu werden und wird introjiziert reguliert, da ein klarer Leistungsdruck und Vergleichbarkeit im Team besteht.

Dies führt eventuell zu Konkurrenz, Neid und Missgunst und verschlechtert das Teamgefüge. Nichterfolg oder unrealistische Ziele führen zu Stress, Demotivation und „Bestrafung", indem der variable Anteil geringer ausfällt oder ganz entfällt. Ebenso können gewisse Leistungen, wie kreative Ideen und zusätzliche Bemühungen nicht gemessen werden und somit bleibt die Belohnung oder Anerkennung für den Mitarbeiter eventuell aus. Die Gefahr besteht, dass andere wichtige Aufgaben, die nicht incentiviert werden, in den Hintergrund geraten. Eventuell sind diese Aufgaben von eigenem Interesse für die Mitarbeiter, was den Spaß und die Motivation sinken ließe, weil er gezwungen wird, sich auf andere Ziele zu fokussieren. Zudem gibt es auch unberechenbare, externe Faktoren, wie z.B. Markteinbrüche, welche die Mitarbeiter, unabhängig von ihrer Anstrengung, nicht beeinflussen können. Dies führt wiederum zu Demotivation. Auch bei der Unternehmensgewinnbasierten – und unternehmenswertbasierten Vergütung haben die Mitarbeiter keinen maßgeblichen Einfluss.

3.3. Empfehlungen bei mangelnder intrinsischer Motivation

Intrinsische Motivation im Beruf ist sowohl für den Mitarbeiter als auch für den Arbeitgeber entscheidend. Durch tatsächliche Freude und Sinnhaftigkeit an der Tätigkeit und dem damit geringeren verbunden Stress, bleibt die Leistungsbereitschaft- und Qualität dauerhaft hoch und der Umgang mit Widerständen wird besser bewältigt. Bei augenscheinlich mangelnder intrinsischer Motivation sollte in einem Gespräch zwischen dem Vorgesetzten und den entsprechenden Mitarbeiter herausgefunden werden, welche Situationen bei dem Mitarbeiter zu Zufriedenheit sowie zu Unzufriedenheit geführt haben, gemäß des Zwei-Faktoren Modells nach Herzberg (1959). Dabei sind Dissatisfiers, wie Beziehung zu Kollegen und Vorgesetzten, interne Prozesse, Firmenpolitik, Sicherheit des Arbeitsplatzes und finanzielle Rahmenbedingungen maßgeblich entscheidend für die Arbeitsmotivation. (Vgl. Ulrich, E., 2005, S.47). Aktives Zuhören und aufrichtiges Interesse sind ebenso essenziell wir ein resonanter Führungsstil, der bedeutet auf die Gefühle des Mitarbeiters einzugehen und diese in eine positive Richtung zu lenken (Vgl. Goleman, D./Boyatzis, R.E./McKee, A.:2003, S39). Je nach Bedarf ist die Führungskraft in der Lage zwischen vier Führungsstilen zu wählen. Mit dem visionären, coachenden, demokratischen und gefühlsorientierten Führungsstil, kann die Verwirklichung von gemeinsamen Träumen, die persönlichen Ziele mit den unternehmerischen Zielen verbunden, Wertschätzung durch Einbeziehung erzeugt und das gesamte Teamgefüge gestärkt werden. Des Weiteren ist es besonders wichtig auf die Thematik Sinnhaftigkeit, Verantwortungsübernahme und Anerkennung einzugehen. Mit einer Verdeutlichung über den Sinn der täglichen Aufgaben und das Gesamtziel des Unternehmens, wächst der Identifizierungsgrad und Mitarbeiter handeln aus innerer Überzeugung, was zur Leistungssteigerung führt. Neben der Frage, ob die Aufgaben anhand der Identifikation, Potenzial und Leistung des Mitarbeiters, die richtige ist, spielt auch die Schwierigkeit der Aufgaben eine Rolle. Sind die Aufgaben des Mitarbeiters zu leicht oder zu schwer, führt dies zu Unter- oder Überforderung und folglich zu Frustration und Demotivation. Ebenso wird dies durch monotone Aufgaben erzielt. Aufgaben, die auf die Interessen und Neigungen des Mitarbeiters abzielen, ist eine der wichtigsten Motivationsquellen überhaupt. Das regt das Konstrukt der Selbstwirksamkeit an und führt zur Bestätigung bzw. Erhöhung der eigenen Selbstwirksamkeitserwartung (Vgl. Gerrig, R. J.:2015, S.531). Um dies zu erreichen, sind die richtigen Aufgaben, klare und realistische Ziele für den Mitarbeiter notwendig. Diese sollten auch mit den Unternehmenszielen in Zusammenhang gebracht werden, um den Mitarbeiter sein Mitwirken am Erfolg zu verdeutlichen. Sollten die aktuelle Aufgaben zu eintönig oder zu leicht sein, ist eine Erhöhung der Motivation über ein Job Enlargement, also einer Aufgabenerweiterung, ohne das Leistungsniveau zu erhöhen oder über ein Job Enrichment nachzudenken, was auch mehr Verantwortung und somit eine höhere Leistung vom Mitarbeiter fordert. Lob, Anerkennung Wertschätzung einzeln und im sowie vor dem Team sind wichtige extrinsische Motivationsfaktoren, welche die intrinsische Motivation befähigen, vor allem bei konkreten Leistungen. Sozial eingebunden zu sein, gemeinsame Ziele als Team zu verfolgen, ist gleichfalls ein relevantes Element. Zu enge Vorgaben und fehlende Gestaltungsmöglichkeiten demotivieren ebenfalls. Daher ist es wichtig, die Autonomie der Mitarbeiter zu fördern und sie selbst Ideen einbringen und eigenverantwortlich arbeiten zu lassen. Auch bei Veränderungsprozessen sind Transparenz, Erklärung der Absicht und Wahlmöglichkeiten entscheidend, um das Committment der Mitarbeiter zu gewinnen. Mitarbeiter sollten gefordert und gefördert werden. Die Möglichkeit, dass der Mitarbeiter sich weiterbilden kann, ist ein wichtiger Bestandteil in dem Bedürfnis nach Kompetenz und Wirksamkeit. Regelmäßiger Austausch und eine offene Feedback- und Fehlerkultur helfen Anregungen, Wünsche und Erwartungen auf beiden Seiten zu äußern und schaffen ein besseres Vertrauensverhältnis zwischen Führungskraft und Mitarbeiter und steigern die Motivation.

22

Literaturverzeichnis

- Atkinson, J. W. (1957). Motivational determinants of risk-taking behavior. Psychological Review.
- Brandstätter, V.; Schüler, J.; Puca, R.; Lozo, L. (2013). Motivation und Emotion., Berlin: Springer, S. 25-65
- Cerasoli, Nicklin und Ford (2014). Intrinsic Motivation and Extrinsic Incentives Jointly Predict Performance: A 40-Year Meta-Analysis
- Deci/Ryan 1993, Die Selbstbestimmungstheorie der Motivation und ihre Bedeutung für die Pädagogik, S.225
- Edelmann, W., 2000, Lernpsychologie
- Gerrig, R. J. (2015). Psychologie, S.531
- Goleman, D./Boyatzis, R.E./McKee, A. (2003) Emotionale Führung, S. 39
- Heckhausen, J., Heckhause, H. (2010). Motivation und Handeln. Berlin Heidelberg: Springer-Verlag, 4. Auflage. Springer, S. 183–185.
- Hennecke, M., Brandstätter, V. (2016). Gefühle und Anreize als Auslöser und Regulativ von Handlungen: Beiträge der Allgemeinen Psychologie- Emotionen und Motivation.
- Jung, H. (2006). Personalwirtschaft, 7. Auflage, S.367
- Kirchler, E. (2011). Arbeits -und Organisationspsychologie, S. 321
- McClelland, Entwicklungsstadien der Macht, 1975
- Robbins, S. P. (1993). Organizational behavior (6th ed.),Englewood Cliffs: Prentice-Hall.
- Schneider, H.D. (2000). Macht, Zugriff am 23.02.2021 unter: https://www.spektrum.de/lexikon/psychologie/macht/9039
- Schuler, H., (2006). Lehrbuch der Personalpsychologie, S. 386
- Ryan und Connell, (1989). Sheldon et al., 2004
- Rosenstiel, L., (1999). Führung von Mitarbeitern, Handbuch für erfolgreiches Personalmanagement, S.61
- Stangl, W., (2020). Z.1
- Ulrich, E. (2005). Arbeitspsychologie, S.47
- Welte-Bardtholdt, C. (2015). Motivation und Volition, 1. Auflage Studienbrief der SRH Hochschule Riedlingen.

BEI GRIN MACHT SICH IHR WISSEN BEZAHLT

- Wir veröffentlichen Ihre Hausarbeit,
  Bachelor- und Masterarbeit

- Ihr eigenes eBook und Buch -
  weltweit in allen wichtigen Shops

- Verdienen Sie an jedem Verkauf

Jetzt bei www.GRIN.com hochladen und kostenlos publizieren